GÜTERSLOHER
VERLAGSHAUS

Gütersloher Verlagshaus. Dem Leben vertrauen

Anselm Grün

Im Menschen lebt eine Sehnsucht

Die Weisheit des Pilgerns

Mit Fotos von Jürgen Hohmuth

Gütersloher Verlagshaus

Sehnsucht

Das unruhige Herz
ist die Wurzel der Pilgerschaft.
Im Menschen lebt eine Sehnsucht.

Augustinus

Sehn

Pilgern heißt, den Weg der Sehnsucht zu gehen. Die Sehnsucht aber führt mich über die Welt hinaus. Sie zeigt mir, dass in mir etwas ist, das diese Welt übersteigt. Im Pilgern komme ich in Berührung mit meiner Sehnsucht. Sie ist die Spur, die Gott in mein Herz gegraben hat. Um sie zu fühlen, folge ich den Fährten, die andere Pilger in diese Welt eingegraben haben.

sucht

Aufbruch

Wohin du auch gehst,

geh mit deinem ganzen Herzen.

Konfuzius

Auf

Der Aufbruch steht am Anfang
des Weges. Aufbrechen beinhaltet
immer den Mut zu etwas Neuem, zu einem
Abenteuer. Aufbrechen hat immer aber
auch etwas mit Abbrechen zu tun.
Den gewohnten Gang des Alltags muss ich
abbrechen, damit der Aufbruch gelingt.
Noch weiß ich nicht, was mich erwartet.

bruch

Einsamkeit

... denn du bist bei mir, dein Stock und dein Stab geben mir Zuversicht.

Psalm 23,4

Einsa

Ich habe Angst, mich auf den Weg zu machen. Denn der Aufbruch wird mich in die Einsamkeit treiben. Ich weiß nicht, was mich auf meinem Weg erwartet. Märchen und Mythen sagen, dass ich, wenn ich mich auf den Weg gemacht habe, schützende Begleiter finden werde.

Der Weg

Mag der Weg auch eng sein,

dein Herz sei weit.

Ambrosius von Mailand

Der

Seit jeher ist der Weg ein Ursymbol für das, was den Menschen ausmacht. Als Pilger suche ich auf dem Weg das Geheimnis meines Lebens. Ich gehe mich frei von allem, was mich bestimmt, bis ich mich selbst spüre und bei mir ankomme.

Weg

Wegweiser

Ich habe gelernt,

indem ich ging,

wohin ich gehen musste.

Theodore Roethke

Weg

Ich stehe oft vor Kreuzungen und weiß nicht, welcher Weg mich zum Ziel führt. Der breite Weg ist der Weg, den alle gehen, wenn auch oft unbewusst. Der enge Weg ist der Weg, der nur für mich bestimmt ist. Und das enge Tor ist das Tor, durch das ich allein gehen soll.

Gebet

Der Glaube ist eine Oase,

die von des Denkens Karawane

niemals erreicht wird.

Khalil Gibran

Seit jeher hat das Gehen eine enge Beziehung zum Beten. Nicht nur, dass man beim Gehen gebetet hat, sondern dass das Gehen selbst eine Art und Weise des Betens war. Als Pilger gehe ich betend meinen Weg mit dem Ziel der Einigung mit Gott. Ich werfe fremde Bilder ab, die mich einengen, gehe letztlich auf die Wahrheit zu, auf mein wahres Ich.

Herberge

Ich gehe, um eine Wohnung für euch vorzubereiten.

Johannes 14,2

Her

Das Wort Herberge klingt nach Geborgenheit. Hier bergen wir uns bei lieben Menschen, die für uns sorgen. Die Herberge ist mein Zufluchtsort, eine Unterkunft auf Zeit, auf meinem Weg – unterwegs.

Verwandlung

Nur im Gehen öffnen sich die Räume
und im Tanzen die Zwischenräume!
Nur im Gehen drehe ich mich
mit den Äpfeln im Baum.

Peter Handke

Wenn ich spirituell lebendig bleiben will, muss ich mich auf den Pilgerweg zu Gott machen. Ich habe Gott nicht als Besitz, sondern ich gehe ihm entgegen. Im Fahren werde ich erfahren, im Wandern bewandert. Und im Wandeln wandele ich mich, damit Gott mehr und mehr Besitz von mir ergreift.

ndlung

Umkehr

Der Langsame sieht mehr.

Sten Nadolny

Um

Pilgerschaft hat immer mit Umkehr und Bekehrung zu tun. Der Aufbruch ist schon eine Umkehr. Sie soll mich bekehren, meinem Leben eine Wende zu geben. Doch diese Umkehr setzt einen langen Weg voraus, auf dem ich vielleicht auch umkehren muss, wenn ich in die falsche Richtung gegangen bin. Diese Erfahrung bleibt nicht einfach nur äußerlich, sondern sie ist voller Symbolik.

Ankunft

Unsere Heimat ist der Himmel.

Philipper 3,20

Das Ziel meines Weges ist es anzukommen. Das äußere ist oft ein Wallfahrtsort – doch habe ich auch ein inneres Ziel. Starke Gefühle beschäftigen mich. Ich bin wie ein neugeborener Mensch, der daheim ist. Ich habe mein wahres Selbst entdeckt und bin mit mir in Berührung.

Bibliografische Information der Deutschen Nationalbibliothek
Die Deutsche Nationalbibliothek verzeichnet diese Publikation in der Deutschen Nationalbibliografie; detaillierte bibliografische Daten sind im Internet über http://dnb.d-nb.de abrufbar.

1. Auflage

Fotografische Koordination: Jana Juni, Berlin
Druck und Einband: Print Consult GmbH, München
ISBN 978-3-579-07015-5

www.gtvh.de